AF586736

RÉSUMÉ GÉNÉRAL

POUR Madame la Préſidente DE SAINT-VINCENT.

CONTRE M. le Maréchal Duc de Richelieu.

LA paſſion la plus violente a dicté les Mémoires que M. le Maréchal de Richelieu vient de publier. (1) Pleins d'injures & de calomnies, ils ne reſpirent que l'emportement & la haine. Eſt-ce là le langage de la vérité & de la raiſon? Eſt-ce ainſi que s'exprimeroit l'innocence outragée? ...... Mais le perſécuteur altier, qui ſe flattoit de tout écraſer ſous le poids de ſon crédit, jette des cris de déſeſpoir, au moment qu'il éprouve la réſiſtance que l'on oppoſe à ſes odieux projets.

M. le Vicomte de Caſtellane qui a lu l'article qui le concerne dans un de ces Mémoires de M. de Richelieu, nous défend expreſſément d'y répondre, & il s'en rapporte pour l'apprécier, au jugement du public.

On nous défend auſſi de répondre à l'article qui concerne la famille de Madame de Saint-Vincent : qu'il nous ſoit permis

(1) *Obſervations. Obſervations nouvelles. Requête.*

cependant de demander à M. le Maréchal, ce qu'il entend par *les calomnies*, *la perſécution* & *l'intrigue* dont il dit que cette famille s'eſt *rendue coupable* envers lui ? Les perſécuteurs ſont ceux qui enfreignent l'autorité des jugemens domeſtiques, qui forcent les aſyles les plus ſacrés, qui rompent les liens qu'avoit tiſſus la ſageſſe des familles, qui ſurprennent des Lettres de cachet, enlevent des pièces juſtificatives, & ſollicitent *à leurs riſques & fortune* des empriſonnemens & des décrets. Les calomniateurs ſont ceux qui, pour ſe ſouſtraire aux engagemens qu'ils ont contractés, imaginent des accuſations fauſſes, intentent des procès criminels, troublent le repos & l'honneur des citoyens, en leur imputant des crimes qu'ils n'ont pas commis. Les intriguans ſont ceux qui tendent à leurs fins, par toutes ſortes de voies, qui revêtent tous les caractères, ſe plient à toutes les circonſtances, s'aſſujettiſſent à toutes les formes, & qui ſont tour-à-tour audacieux, rampans, eſclaves & deſpotes.... Rien de tout cela convient-il à la démarche qu'a faite la famille de Madame de Saint-Vincent ?

Madame de Saint-Vincent ne répondra pas non plus au reproche que lui fait M. de Richelieu *de ſuſpendre par mille artifices différens* (1) la déciſion de ſon procès: eh ! à qui donc importe-t-il que la Juſtice mette enfin un terme à ce procès ſcandaleux ? Qui de Madame de Saint-Vincent ou de M. de Richelieu gémit ſous le poids d'une accuſation inique ? Lequel

(1) C'eſt-là du moins ce que paroît ſignifier ce début emphatique des obſervations : *depuis dix-huit mois l'audace & les intrigues ſuſpendent par mille artifices différens, le moment redoutable où les oracles de la Juſtice doivent réſoudre le problême ſcandaleux & abſurde que les accuſés ont oſé lui préſenter. Cette audace, ces intrigues* où ſont-elles ? *Ce problême*, quel eſt-il ? Qu'eſt-ce qu'un *problême abſurde ?* Ce qui eſt *abſurde*, peut-il être problêmatique ? Ce qui eſt problêmatique, peut-il être *abſurde ?*.. M. le Maréchal aime à ſe rendre inintelligible, c'eſt le moyen de n'être pas réfuté.

des deux eſt retenu dans les horreurs de la captivité? . . . Il y a de la lâcheté à inſulter ainſi au malheureux que l'on opprime.

Quant à ce qui concerne les défenſeurs de Madame de Saint-Vincent, ce n'eſt pas à eux que convient le mot *atrocité*; qu'ont-ils fait pour mériter cette imputation? Il eſt vrai qu'après l'examen le plus réfléchi de la cauſe de M. le Maréchal, ils n'ont pas eu *l'honnêteté* de croire qu'il fut innocent, & ils l'ont *ſoupçonné ſérieuſement* de déſavouer ſes lettres & de méconnoître ſa ſignature. Il eſt vrai qu'ils ont écrit que les billets & les lettres qu'il argue de faux, ont néanmoins été donnés par lui à Madame de Saint-Vincent. Ils ont eu même *l'audace effrénée* de démontrer ſans replique, qu'il eſt impoſſible que Madame de Saint-Vincent les ait fabriqués, & qu'il faut renoncer au ſens commun pour croire à l'abſurde accuſation qu'il a formée contr'elle. C'eſt-là ſans doute un crime impardonnable..... Mais aux riſques de mériter de nouvelles injures, ils vont diſcuter encore le fonds de cette accuſation.

Pour la ramener au véritable point de vue dont M. le Maréchal de Richelieu cherche ſans ceſſe à l'éloigner, il eſt eſſentiel d'établir quelques principes.

1°. Tout accuſateur eſt tenu de prouver la juſtice de ſon accuſation. M. le Maréchal de Richelieu eſt accuſateur de Madame de Saint-Vincent; c'eſt donc à lui qu'eſt impoſé le devoir de faire preuve contr'elle. PREMIER PRINCIPE.

2°. L'objet de l'accuſation de M. le Maréchal eſt un crime de faux attribué à Madame de Saint-Vincent. Il lui impute la fabrication de douze billets, de douze *bon pour*, de vingt-deux lettres dont deux ſont ſignées, & il s'impoſe l'obligation de la convaincre de ce crime * Il faut donc pour que cette obligation

* Page premiere de ſon Mémoire.

ſoit remplie, qu'il démontre que Madame de Saint-Vincent a réellement fabriqué quatorze ſignatures, douze *bon pour*, & vingt-deux lettres. DEUXIEME PRINCIPE.

3°. Toute accuſation non prouvée eſt une calomnie, & il eſt dû à l'infortuné qui en fut la victime des dédommagemens & des reparations. Donc ſi l'accuſation de M. le Maréchal n'eſt pas prouvée, il eſt un calomniateur, & il doit à Madame de Saint-Vincent les réparations les plus ſolemnelles & les plus authentiques. TROISIEME PRINCIPE.

Ces principes qui ne peuvent être conteſtés, rendent infiniment ſimple la déciſion de ce procès trop célébre.

Ou les charges & informations qui ſont ſous les yeux de la Cour établiſſent que Madame de Saint-Vincent a fabriqué les lettres & les billets argués de faux, ou, malgré la longue & monſtrueuſe procédure inſtruite contr'elle, il n'eſt pas démontré qu'elle ait commis ce faux : dans le premier cas, qu'elle ſubiſſe la peine due aux fauſſaires; dans le ſecond, qu'elle ſoit vengée des perſécutions & des outrages qu'elle eſſuie depuis plus de dix-huit mois.

L'Arrêt à intervenir ne peut donc être qu'une condamnation, ſi Madame de Saint-Vincent eſt convaincue, ou qu'une décharge abſolue de l'accuſation, ſi elle ne l'eſt pas.

Les billets ne doivent entrer pour rien dans cet Arrêt; il ne faut pas confondre les limites qui ſéparent les actions civiles des actions criminelles. Le ſort des billets appartient à une demande civile, & il n'en eſt pas queſtion ici. C'eſt d'une accuſation criminelle qu'il s'agit, & c'eſt ſur le mérite ou l'injuſtice de cette accuſation que la Cour doit prononcer.

Le point intéreſſant, le ſeul eſſentiel eſt donc de ſavoir ſi de la procédure inſtruite contre Madame de Saint-Vincent, il réſulte une conviction légale contr'elle ; elle a ſubi des interrogatoires, on a ſaiſi ſes lettres, des témoins ont dépoſé ; ces interrogatoires, ces lettres, ces témoins prouvent-ils qu'elle a commis le crime qu'on lui impute ?

Nous diſcuterons chacun de ces articles le plus ſimplement qu'il nous ſera poſſible ; chaque article ſera imprimé ſéparément, ils ſe ſuccéderont les uns aux autres dans l'intervalle des ſéances que la Cour des Pairs conſacre à la viſite du procès.

Mais avant de nous livrer à la diſcuſſion de ces différens genres de preuves, n'eſt-il pas néceſſaire d'examiner ſi les lettres & les billets dépoſés au procès ſont phyſiquement vrais ou faux ? Il ne s'agit pas de prononcer ſur la vérité ou la fauſſeté de ces lettres & de ces billets ; néanmoins cette vérité ou cette fauſſeté tient eſſentiellement à la queſtion ſoumiſe au jugement de la Cour. Si les billets & les lettres ſont vrais, le procès eſt fini ; car il eſt évident qu'en ce cas Madame de Saint-Vincent ne les a pas faits ; ſi au contraire ils ſont faux, on doit chercher à connoître quel en eſt l'auteur, & alors commence l'examen des preuves par leſquelles M. le Maréchal eſt tenu de démontrer que Madame de Saint-Vincent eſt réellement, comme il l'en accuſe, l'auteur de ces titres faux.

La vérité des billets termine donc toutes les difficultés, & il ne reſte à M. le Maréchal que la honte d'avoir méconnu ſa ſignature : au contraire leur fauſſeté ne prouve rien contre Madame de Saint-Vincent, car ils peuvent être faux, ſans que Madame de Saint-Vincent les ait faits ; ils peuvent être faux, quoique M. le Maréchal les ait donnés à Madame de Saint-Vincent.

Il exiſte au procès des preuves par écrit de la liaiſon la plus intime entre M. le Maréchal & Madame de Saint-Vincent ; il exiſte des traces d'une longue correſpondance entre eux ; il exiſte une lettre non arguée de faux, qui parle de lettre de change ou billet ; il exiſte des témoins que l'injuſtice a traveſtis en accuſés, qui dépoſent de l'envoi de ces billets *non ſignés*, à l'Hôtel de Richelieu, & du retour de ces billets *ſignés* au Couvent de la Miſéricorde ; il exiſte l'empriſonnement de Madame de Saint-Vincent à la Baſtille, qui n'a pu avoir d'autre objet que celui d'enlever ſes titres de défenſe ; il exiſte l'enlévement de ces titres ; il exiſte une information extrajudiciaire, pour connoître les témoignages favorables à Madame de Saint-Vincent, & l'en priver ; il exiſte la privation de ces témoignages par le changement des témoins en accuſés ; il exiſte en un mot des indices, des préſomptions, des preuves de toute eſpéce, que M. le Maréchal a réellement écrit des lettres, & donné des billets à Madame de Saint-Vincent.

D'un autre côté, il eſt impoſſible qu'une femme de qualité, légére & frivole, ait conçu un projet qui exige des calculs & des combinaiſons profondes ; il eſt impoſſible qu'elle eût choiſi pour l'objet de ce faux un homme puiſſant, qui étoit alors ſon ſeul protecteur & ſon unique appui ; il eſt impoſſible qu'elle eût réuſſi à fabriquer quatorze ſignatures, douze *bon pour*, & vingt-deux lettres ; il eſt impoſſible qu'elle eût changé quatre fois la forme de ces billets ; il eſt impoſſible que dans l'un de ces billets elle eût fait uſage d'une forme ridicule & non obligatoire ; il eſt impoſſible qu'elle eût calqué des lettres fauſſes, ſur des *mots épars pris çà & là ;* il eſt impoſſible qu'elle eût eu le deſſein & l'adreſſe d'en compoſer vingt-deux ; il eſt impoſſible qu'elles ne fuſſent pas écrites du ſtyle le plus clair & le moins équivoque ; il eſt impoſſible qu'elles ne fuſſent pas toutes relatives aux billets ; il eſt impoſſible en un mot que ces lettres & ces billets ſoient l'ouvrage de Madame de Saint-Vincent, & c'eſt le comble de la démence de lui en attribuer la fabrication.

Quand donc ces lettres & ces billets ſeroient démontrés faux, l'accuſation de M. le Maréchal n'en ſeroit pas mieux prouvée ; ces titres faux ne ſeroient pas pour cela l'ouvrage de Madame de Saint-Vincent, ils n'en auroient pas moins été donnés à Madame de Saint-Vincent par M. le Maréchal. Ce ne ſeroit qu'un crime de plus qu'elle auroit à lui reprocher.

Mais, non : ces lettres & ces billets ne ſont pas faux ; cette fauſſeté dont on fait ſi grand bruit n'eſt qu'une chimere bien facile à détruire.

» Cette fauſſeté, s'écrie M. le Maréchal, ne peut être ré-
» voquée en doute ; elle eſt démontrée phyſiquement, mo-
» ralement, & par tous les genres de preuves que l'Ordonnance
» exige ».

Au ton d'aſſurance dont M. le Maréchal prononce que ces lettres & ces billets ſont faux, on ſeroit tenté de croire qu'ils le ſont en effet ; puiſqu'il les a donnés, il ſait mieux que perſonne ce qu'ils ſont en eux-mêmes ; mais il ne faut pas que M. le Maréchal en impoſe par la hardieſſe de ſes aſſertions. Quand on examine de près ces preuves de fauſſeté qu'il annonce avec emphaſe, ce torrent de démonſtrations qui doit tout renverſer, on apperçoit, avec ſurpriſe, que tout cela ſe réduit au témoignage de deux Maîtres Ecrivains, nommés *Paillaſſon* & *Potier*. Il n'eſt pas, dans toute la procédure, d'autre moyen pour établir la fauſſeté phyſique des billets.

On ſait quelle confiance mérite la vérification d'écritures, & combien le témoignage des Experts eſt ſujet à erreur ; on ſe rappelle que l'Expert Paillaſſon a déja fait ſes preuves dans l'affaire de Rennes, & perſonne ſans doute n'ira fonder ſon opinion ſur une baſe auſſi ſuſpecte & auſſi peu ſûre.

Les preuves que ces Experts donnent de la fauſſeté des lettres & des billets, les raiſons ſur leſquelles ils appuyent leur ſyſtême, ne ſont qu'un tiſſu monſtrueux d'abſurdités, de contradictions & d'inconſéquences; les expoſer, c'eſt les réfuter.

Ils affirment, & M. le Maréchal affirme d'après eux, » que » les ſignatures des douze billets ont été calquées ſur deux ſi» gnatures véritables, priſes pour modeles : *quatre* ſur l'une, » *huit* ſur l'autre, que l'on a ſuivi à la tranſparence de la vitre, » les traits, la forme, les dimenſions des ſignatures originales, » & que l'on en a formé des fauſſes parfaitement reſſemblan» tes aux véritables ».

Ceci n'eſt encore qu'une allégation; mais combien cette allégation ſeule fait naître de difficultés ! D'abord, eſt-il poſſible de calquer ? Quelle poſition faut-il donner à la vitre, à la plume, à la main, au papier qui ſert de type, au papier ſur lequel on calque ? La poſition néceſſaire à la ſûreté de la main, à la tenue de la plume, à l'écoulement de l'encre, n'eſt-elle pas oppoſée à celle qu'exige la diaphanéité du verre ? Et quand cette opération ſeroit poſſible, quel en ſeroit le réſultat ? Produiroit-elle les traits, la forme, les dimenſions du modele ? Donneroit-elle une reſſemblance parfaite ? Eh ! ſi cet art funeſte étoit auſſi facile que le prétendent les Experts, s'il produiſoit la reſſemblance perfide qu'ils lui attribuent, que de tentations, que de reſſources n'offriroit-il pas à la cupidité des hommes ! Combien de calqueurs ſeroient occupés à chercher leur fortune à travers une vitre, en fabriquant des ſignatures fauſſes parfaitement reſſemblantes à des ſignatures véritables ! Les Tribunaux retentiroient chaque jour des plaintes, des diſputes, des réclamations qu'entraîneroient néceſſairement ces calquages

quages multipliés ? Mais les annales de la Justice n'en offrent peut-être pas d'exemple. Un *Ragueneau*, Ectivain inconnu, & condamné depuis un siecle à l'oubli le plus profond, est le seul auteur qui en fasse quelque mention. Pourquoi donc, si ce crime est possible, est-il si rare ? La passion des richesses n'entraîne-t-elle pas dans les plus horribles forfaits ? Elle crée des assassins, des voleurs, des filoux, des escrocs ; ne créeroit-elle pas également des calqueurs ? M. le Maréchal est avancé dans sa carriere ; le spectacle des crimes qui désolent la terre, a dû frapper souvent ses regards ; il a vu des criminels de toute condition, de tout sexe, de tout état ; en a-t-il jamais vu qui eussent formé & exécuté le dessein d'envahir des fortunes considérables, par le calcage de plusieurs signatures & de plusieurs lettres ? En vain donc affirme-t-il* *qu'une foule de personnes, depuis l'éclat de cette affaire, ont eu la curiosité de vérifier par elles-mêmes, la possibilité de l'opération, & qu'elles y ont réussi*. Si *une foule de personnes* s'occupoient à calquer par *curiosité*, une foule plus nombreuse encore s'occuperoit à calquer par intérêt ; si les curieux avoient le talent *de réussir*, les intéressés réussiroient encore mieux, & le monde seroit rempli de ces calqueurs habiles, qui, avec des signatures & des lettres calquées, renverseroient les fortunes les mieux établies ; mais puisqu'il n'existe pas une foule de ces calqueurs, à qui la soif de l'or inspire le dessein du calcage & donne les moyens de l'exécuter, M. le Maréchal nous permettra de ne pas croire *à cette foule* de calqueurs oisifs, que la *curiosité* conduit à essayer cette opération, & *qui y réussissent*.

* Page 9.

Nous ne croirons pas non plus *que des Magistrats eux-mêmes ont tenté cette opération*, nous respectons trop tous les Magistrats pour penser qu'aucun d'eux ait fait une pareille confidence à

M. le Maréchal ; d'ailleurs, ils n'ont pas befoin *d'épreuve perfonnelle pour raffurer leur confcience*, c'eft fur des connoiffances juridiquement acquifes & non pas fur des connoiffances particulieres, qu'ils fondent leur opinion; ils ne peuvent être ni Experts ni témoins, ou à l'inftant même, ils cefferoient d'être Juges.

Au refte, quoi qu'il en foit de l'impoffibilité du calquage en général, l'impoffibilité du calquage particulier dont il s'agit ici ne peut être mife en problême.

Il eft au procès douze fignatures de billets, douze *bon pour*, qui expriment en toutes lettres, la valeur de chaque billet, & vingt-deux lettres, dont deux font fignées : or, eft-il poffible que l'on calque quatorze fignatures, douze lignes de *bon pour* & plus de trois cent lignes d'écriture, qui compofent la totalité des vingt-deux lettres ? Que d'années ! que de fiécles ... Non, il n'eft pas befoin de faire aucun raifonnement pour prouver cette impoffibilité, elle eft évidente à tous les yeux, & il n'eft que l'aveuglement de la prévention & de l'injuftice, qui puiffe empêcher de la reconnoître.

Que l'imagination la plus féconde effaie de trouver une hypothèfe où vingt-deux lettres foient néceffaires à un projet de faux, elle n'y parviendra pas. A quoi donc peuvent fervir vingt-deux lettres ? Quel effet pourroient-elles produire fi ce n'eft celui de déceler elles-même leur fauffeté ?

Pour calquer il faut un type ; l'ouvrage calqué doit reffembler à ce type, c'eft la copie d'un original. On ne peut donc calquer que les types dont on a intérêt de tirer des copies & qu'il eft avantageux de multiplier ; par exemple, fi l'on calque une fignature, c'eft que deux fignatures au bas de deux actes différens, produifent l'une & l'autre un titre, une créance ou une obligation particuliere.

Mais calquer une lettre! eh, quel eſt donc l'objet de deux lettres ſemblables? De quelle utilité peut être la copie d'une lettre quand on la poſſéde en original? Quel titre, quelle obligation, quelle créance produit cette copie, qui ne ſoient produits plus ſûrement par la lettre elle-même?

Que ſi l'on n'a pas l'original de la lettre, comment en fait-on la copie? Si le type manque, ſur quoi calque-t-on?

Ou ce type exiſte ou il n'exiſte pas. S'il n'exiſte pas, on n'en peut faire la copie; on ne calque point ſans modele; s'il exiſte, cette copie eſt inutile, on s'en tient à l'original.

Il eſt donc impoſſible que l'on calque jamais deux lettres l'une ſur l'autre, il eſt plus impoſſible encore que l'on en calque vingt-deux. Ce prétendu calquage eſt une extravagance qui ne mérite pas d'être réfutée ſérieuſement: voyons cependant ſur quoi on prétend l'appuyer.

« Les ſignatures des billets, dit-on, ſont géométriquement » conformes entr'elles, elles ont la même diſtance, la même » hauteur, la même longueur dans les lettres & les mots » qui les compoſent.

» Il eſt impoſſible que cette conformité géométrique ſoit » l'ouvrage du haſard, *il n'eſt qu'un ſeul moyen qui puiſſe la* » *produire;* il faut que les ſignatures aient été calquées à la » vitre ſur des ſignatures véritables priſes pour modeles ».

Décompoſons ce raiſonnement, examinons-en chaque partie.

Les ſignatures ſont géométriquement conformes entr'elles.

Les accuſés à leur confrontation ont meſuré ces ſignatures & y ont trouvé de la variété. Les longueurs, les hauteurs, les diſtances ne ſont pas les mêmes, & il eſt faux que la vérification au compas établiſſe la conformité géométrique dont parlent les Experts.

On ne peut trop se défier de leurs assertions & de celles de M. le maréchal. N'a-t-on pas dit que les signatures des billets se couvrent si parfaitement, que si on les présente à la lumiere, appliquées l'une sur l'autre, elles ne forment qu'une seule & même signature ? N'a-t-on pas dit que cette épreuve a été faite plusieurs fois avec un succès égal; que des Magistrats eux-mêmes en ont été témoins, &c.... Tout cela néanmoins est évidemment faux; cette identité si parfaite qui fait, dit-on, que de toutes les signatures on n'en apperçoit qu'une, n'est point constatée, il est même physiquement impossible qu'elle le soit jamais. Les Experts qui ont signé & paraphé les billets, ont eu l'attention de placer leurs signatures & leurs paraphes, précisément derriere les signatures de ces billets, en sorte que si l'on présente à la lumiere chacun de ces billets pris séparément, on n'apperçoit que la confusion des lettres qui composent les noms de M. de Richelieu & de *Paillasson;* que si l'on présente à la lumiere ces signatures placées l'une sur l'autre, on n'apperçoit plus alors, ni lettres, ni mots, ni traits, ce n'est plus qu'un amas d'encre, l'œil le plus fin ne peut perçer ce nuage épais & il est impossible de voir si ces signatures se couvrent ou ne se couvrent pas entr'elles.

Ce n'est pas sans dessein que les Experts ont adossé leurs signatures à celles de M. de Richelieu; ils espéroient peut-être qu'on croiroit sur leur parole, une vérification qu'ils jugeoient favorable à M. le Maréchal, & ils la rendoient impossible pour se soustraire au danger d'être trop aisément démentis. Comment donc M. le Maréchal ose-t-il faire valoir encore cette identité si parfaite, & répéter avec assurance que ces signatures se couvrent entierement, puisqu'il a eu soin de faire appliquer un *Paillasson* derriere ces signatures ?

Il est donc faux que ces signatures soient géométriquement

conformes entr'elles ; il eſt faux qu'en les appliquant les unes ſur les autres, elles s'identifient, & l'on peut nier cette premiere partie du raiſonnement des Experts : mais accordons-la pour un moment ; voyons la ſeconde.

« Il eſt impoſſible d'attribuer au haſard cette conformité » parfaite ».

Pourquoi cela eſt-il impoſſible ? Le haſard qui a produit la forme & les dimenſions d'une premiere ſignature, ne peut-il pas produire une ſeconde ſignature de même dimenſion & de même forme ? La main qui a circonſcrit dans un certain eſpace la hauteur & l'étendue des lettres qui compoſent un nom, ne peut-elle pas circonſcrire encore dans le même eſpace, le même nom & les mêmes lettres ? Les perſonnes accoutumées à faire beaucoup de ſignatures en font chaque jour de reſſemblantes & conformes entr'elles ; ſur cent ſignatures d'un Notaire ou de tout homme public qui ſigne très-ſouvent, il s'en trouvera pluſieurs qui auront la même longueur, la même hauteur, la même largeur dans les mots & les lettres qui les compoſent ; la main s'habitue à tracer des diſtances égales, les caractères qu'elle forme ſouvent, & delà naît la conformité parfaite de ces caractères .... *Paillaſſon* lui-même a peut-être appris par l'uſage où il eſt de ſigner des rapports, à donner à ſes ſignatures cette conformité dont il parle. Un des accuſés qui a meſuré les ſignatures des billets, a cru s'appercevoir que celles de Paillaſſon miſes derriere celles de M. de Richelieu, avoient entr'elles une conformité parfaite. Elles lui ont paru, au compas, être de la même longueur, de la même hauteur, &c.... Les détails d'une confrontation ne permettoient pas de ſuivre cette épreuve avec tous les ſoins qu'il faut y apporter ; mais les Juges voudront bien la faire eux-mêmes & examiner ſi des douze ſignatures de *Paillaſſon*, miſes au dos des billets, il n'en eſt pas quatre ou cinq conformes entr'elles, & deux ou trois autres un peu plus grandes, mais également conformes entre elles.

La main de M. le Maréchal paroît encore plus exercée que celle de *Paillaſſon*, à produire cette conformité, & l'on retrouve des traces de ce talent juſques dans les ſignatures que M. le Maréchal fait avec négligence & ſans intention de les arguer de faux.

Il eſt au procès deux de ſes lettres non arguées qui ont entr'elles cette conformité, quoiqu'elles aient été écrites à deux années de diſtances l'une de l'autre.

Depuis que M. le Maréchal fait ſigner ſon nom, il a fait ſans doute une foule de ſignatures, dont les lettres & les mots ſont égaux dans leur hauteur & leur largeur, &c. Peut-être que la ſignature miſe au bas du billet que M. le Maréchal a fait au ſieur *Tégaldo* de Gênes, eſt conforme à quelques-unes des ſignatures qui ſont au bas des douze billets qu'il a donnés à Madame de Saint-Vincent. Le ſort de ces billets eſt à-peu-près le même ; ils ſont également bien payés ; ne pourroient-ils pas avoir des rapports encore plus particuliers entr'eux, celui d'une conformité parfaite ?

Il eſt donc faux que le haſard ou l'habitude ne puiſſe produire la conformité parfaite des ſignatures, & l'on doit nier la ſeconde partie du raiſonnement des Experts... Mais accordons là auſſi pour un moment, & paſſons à la troiſieme.

» Il n'eſt qu'un ſeul moyen qui puiſſe produire cette con-
» formité ; il faut que les ſignatures aient été contre-tirées à la
» vitre...».

Cette concluſion eſt admirable, il ne faut pas en perdre un ſeul mot.

Il n'eſt qu'un ſeul moyen qui puiſſe produire cette conformité. Cette aſſertion, bien digne de M. le Maréchal & de ſa caufe, eft évidemment fauffe. Il n'eft perfonne qui ne fache que plufieurs moyens peuvent produire cette conformité parfaite; il eft cent routes différentes qui conduifent à ce but; il ne faut que marquer au compas, par deux points, la diftance d'une fignature entiere, & la diftance refpective des lettres qui la compofent, & renfermer entre ces deux points, & à diftances égales, les lettres de cette fignature! ou bien marquer d'abord la diftance par des points, plier enfuite fon papier, & ne laiffer à la plume, pour tout efpace à parcourir, que la hauteur dont les lettres doivent être formées, ou bien auffi couvrir le papier, de maniere qu'il ne refte à découvert que la place circonfcrite à la fignature, & alors on formera néceffairement des fignatures égales, en diftance, en hauteur, en longueur, & parfaitement conformes entr'elles.

Il eft d'autres moyens encore plus fimples & plus naturels de produire cette conformité, & ceux-ci font connus de tout le monde; c'eft une *griffe* ou une *eftampille*. On fait qu'en appliquant ces inftrumens fur du papier, il en fort des fignatures toujours égales, toujours conformes. De quel front ofe-t-on donc avancer publiquement *qu'il n'eft qu'un feul moyen qui puiffe produire la conformité des fignatures?* Comment ne rougit-on pas de faire de ce groffier menfonge, la bafe d'un procès criminel & la preuve d'une accufation de faux?

Mais s'il eft plufieurs moyens de faire des fignatures conformes entr'elles, cette conclufion de M. le Maréchal, » *donc* » *les fignatures ont été calquées...* ». tombe d'elle-même; le principe une fois détruit, la conféquence ne fubfifte plus.

M. le Maréchal dit: *Les fignatures des billets que j'ai donnés à Madame de Saint-Vincent, font conformes entr'elles, donc elles font fauffes, donc elles ont été calquées...* Nous lui répondons: *Ces fignatures ne font pas conformes, & même, en ſuppoſant qu'elles le ſoient*, *cette conformité n'eſt point une preuve de fauſſeté & de calquage. C'en eſt une*, replique M. le Maréchal, *parce qu'il n'y a que le calquage qui puiſſe produire cette conformité.* On voit que l'on ne peut admettre le raiſonnement de M. le Maréchal, qu'en partant du principe que *toutes les ſignatures qui ont entr'elles une conformité parfaite*, *ſont des ſignatures fauſſes & calquées.*

Mais ce principe n'eſt lui-même qu'une fauſſeté palpable. Combien exiſte-t-il de ſignatures géométriquement conformes entr'elles, qui ne ſont ni calquées ni fauſſes ? Combien de Miniſtres & de perſonnes en place, dont toutes les ſignatures offrent toujours la même conformité géométrique ?... *Oh ! ces ſignatures ſe font avec une griffe......* donc cette conformité peut avoir une autre cauſe que le calquage ! donc cette conformité n'établit point l'exiſtence & la réalité du calquage !

Il faut remarquer ici jusqu'à quel point les Experts ont porté la prévention en faveur de M. le Maréchal, & la docilité à ſes ordres. Le ſeul & unique objet de ces Experts, dans la vérification qu'ils avoient à faire, étoient d'examiner les pieces, de comparer celles qui ſont arguées avec celles qui ne le ſont pas, d'en obſerver la reſſemblance ou la diſſemblance ; en un mot, de conſtater l'état phyſique de ces billets. Par exemple, ſi les ſignatures ſont toutes conformes entr'elles, il étoit de leur devoir de faire mention de cette conformité ; cette conformité eſt inhérente aux pieces ; il eſt de leur métier d'en vérifier l'exiſtence & d'en conſtater la certitude.

Mais ne pas s'en tenir à ce qu'ils voient, & ſe mêler de ce qu'ils n'ont pu ni voir ni connoître ! Mais ne pas ſe contenter de rapporter l'effet ſoumis à leur compétence, vouloir expliquer encore la cauſe de cet effet qui leur eſt totalement

étrangere !

étrangere ! Mais affirmer que cette conformité provient du calquage, n'eſt-ce pas le comble de la mauvaiſe foi & de l'injuſtice ? Eh ! comment ont-ils appris que cette conformité provient du calquage ? Qui leur a dit qu'elle n'eſt pas l'effet d'une griffe ou de toute autre cauſe ?... La conformité eſt de leur compétence, l'effet eſt de leur reſſort, mais la cauſe !.. Encore une fois, comment ſavent-ils que cette cauſe eſt le calquage & non pas l'habitude, l'application de la main, ou bien une griffe ?

» M. le Maréchal, dit-on, affirme qu'il n'a pas de griffe & » qu'il ne s'en eſt jamais ſervi, donc on ne peut attribuer à » une griffe la conformité de ſignatures ».

Mais Madame de Saint-Vincent affirme qu'elle ne ſait pas calquer, & qu'elle n'a jamais calqué, donc on ne peut attribuer au calquage la conformité des ſignatures. – Le calquage eſt prouvé phyſiquement. — L'exiſtence d'une griffe eſt donc auſſi prouvée phyſiquement : car, il n'eſt pour prouver l'un & l'autre, que le moyen de conformité ; & ce moyen pouvant être l'effet d'une griffe comme du calquage, l'exiſtence de la griffe eſt démontrée phyſiquement autant que l'exiſtence du calquage.

A s'en tenir à cette conformité ſeule, on ne pourroit donc pas plus ſe décider pour le calquage que pour la griffe ; mais ſi l'on réunit tous les points qui doivent entrer dans le ſyſtême de ce prétendu calquage, alors on en reconnoît aiſément l'impoſſibilité abſolue.

Aux douze ſignatures des billets, il faut ajouter douze *bons pour* & vingt-deux lettres. Ces douze *bons pour* ne ſont pas conformes entr'eux ; ces vingt-deux lettres ne ſont pas conformes entr'elles : ſur quoi donc porte la preuve de ce calquage ſuppoſé ?

Nous l'avons déja dit : pour calquer il faut un type. Or, quel type pouvoit avoir Madame de Saint-Vincent, pour calquer tous ces *bons pour* ? Sur un billet on lit *bon pour ſoixante mille livres* : ſur un autre, *bon pour quarante mille livres* : ſur un autre, *bon pour vingt-cinq mille livres*, &c. M. le Maréchal ne conviendra pas avoir donné à Madame de Saint-Vincent de véritables *bons pour*. Où trouvoit-elle donc des modèles pour en faire de faux ?

Les Experts ont preſſenti que les *bons pour* ne pourroient s'accommoder à leur hypothéſe de calquage : interpellés à la confrontation de dire comment ces *bons pour* avoient pu être calqués, ils ont d'abord gardé le ſilence, & ſe *ſont référés à leurs dépoſitions* : preſſés plus vivement, ils ont répondu enſuite *qu'ils n'avoient jamais dit que les conſtatés ou bon pour fuſſent calqués ni contre-tirés.*

M. le Maréchal lui-même eſt curieux à entendre ſur cet article ; il ne ſait comment s'y prendre pour déguiſer l'embarras qu'il lui donne, & pour éviter d'y répondre à ſon tour. *Il n'eſt pas tenu*, dit il *, *plus que les Experts, d'indiquer où le fauſſaire a trouvé le type qui a dirigé pour écrire le conſtaté (ou bon pour) ni même d'établir qu'il a été fait par la voie du calquage ou contre-tirement.*

* Pag. 32 de ſa Requête.

Comment ! *Il n'eſt pas tenu !* Il m'accuſe d'avoir calqué, & *il n'eſt pas tenu* de prouver l'exiſtence & la réalité de ce calquage ! Il m'impute d'avoir fait à la vitre de faux billets, & il ne ſera pas tenu d'établir que je les ai faits !... ou plutôt quand il eſt évidemment impoſſible que l'on calque ſans type ; quand il eſt évidemment impoſſible que j'aie eu le type de ces *bons pour* ; quand il eſt évidemment impoſſible que ces *bons pour* aient été faits par la voie du calquage ; quand j'aurai démontré qu'il eſt impoſſible que je les ai calqués ; il répondra qu'il n'eſt pas *tenu d'indiquer ou j'ai trouvé le type*, ni d'établir qu'ils ont été faits par la voie du calquage ! mais s'ils ne ſont pas calqués, ils ſont donc de la main de M. le Maréchal, puiſque c'eſt ſon écriture. — *Cette écriture*, répond-il *, *peut être l'effet d'une ſimple imitation d'un fauſſaire qui s'étoit habitué à contrefaire ſon écriture.* Quoi ! un fauſſaire qui ſait calquer des ſignatures, ſaura auſſi imiter l'écriture, & il employera tour-à-tour, avec le même ſuccès, l'un & l'autre moyen ? Quoi ! la même main contre-tirera à la vitre, une ſignature fauſſe parfaitement reſſemblante à la ſignature véritable qui lui ſert de modele, & elle formera enſuite, par imitation, la même reſſemblance ? Mais quand on imite ſi parfaitement, pourquoi recourir à la voie du calquage pour fabriquer les ſignatures ? Que ne les fait-on par la voie de l'imitation ?

* Page. 33 de ſa Requête.

M. Le Maréchal & les Experts diſent que *l'on voit à l'inſpection des billets, que les bons pour ſont de la même main qui a fait les ſignatures.* N'eſt-ce pas dire que les bons pour ont été calqués ? Suivant eux, les ſignatures le ſont ; les bons pour ne peuvent donc être *de la même main* que par le calquage, ou bien il faut ſuppoſer que Madame de Saint-Vincent poſſéde le double eſprit de ſavoir calquer & imiter tout à la fois, & qu'elle a le talent de l'imitation précisément au même degré que celui du calquage, en ſorte qu'elle faſſe dans une perfection égale, le caractere calqué & la caractere imité, & que l'une & l'autre contrefaction ſoit marquée au même caractere de reſſemblance & paroiſſe, *à l'inſpection*, être de la même main ! C'eſt une abſurdité qui ne mérite pas de réponſe.

Page 32.

Que M. le Maréchal, après avoir conſulté ſes Experts, prenne enfin un parti ſur les *bon pour*, & qu'il nous diſe dans quelle claſſe il les rangera déſormais : veut-il qu'ils aient été calqués ? nous prouverons qu'ils ne le ſont pas ; veut-il qu'ils ſoient imités ? nous prouverons qu'ils ne le ſont pas non plus. Que ſont-ils donc ? Eh ! faut-il le demander ? Ils ſont de M. le Maréchal. Il ne peut point y avoir ici de calquage ni de griffe ; il n'eſt ni conformité géométrique ni identité parfaite ; c'eſt le caractere net & pur de M. le Maréchal, c'eſt ſa plume, c'eſt ſa main qui l'a formé, c'eſt par lui ſeul qu'il a été écrit ; c'eſt donc par lui qu'ont été faites auſſi les ſignatures, puiſque les *bon pour* en ſont le conſtaté & l'approbation.

C'eſt par lui auſſi qu'ont été écrites les lettres qu'il argue de faux ; elles ne peuvent avoir été ni calquées ni imitées, le calquage ou l'imitation de ces lettres eſt une prétention encore plus extravagante que celle des *bons pour*, & il eſt inconcevable qu'on oſe avancer ſérieuſement à la face de la Juſtice, qu'en choiſiſſant des phraſes, des demi-phraſes, des mots épars çà & là dans pluſieurs lettres véritables, on peut faire de ces lambeaux incohérens, un ſens ſuivi, les adapter à un projet de faux, & fabriquer par ce moyen des lettres entieres, en fabriquer plus d'une, plus de dix, en fabriquer vingt-deux .... Un cri d'indignation s'eſt élevé dans le public à l'inſtant que M. le Maréchal & ſes agens ont oſé propoſer ce ſyſtême. Aujourd'hui ſes partiſans les plus zélés rougiſſent d'en parler, ils ſemblent l'abandonner au mépris qui lui eſt propre, & M. le Maréchal lui-même s'en défie, puiſqu'il avance dans ſa Requête nouvelle, que *l'écriture de ces lettres eſt, peut-être, l'effet d'une ſimple imitation d'un fauſſaire.* Ce n'eſt donc plus l'effet du calquage ; car l'on ne peut admettre l'un & l'autre, & il eſt encore plus impoſſible de croire à la ſcience de l'identité & du calquage réunis, qu'à l'opération ſeule du calquage, toute révoltante qu'elle eſt.

L'imitation détruit donc le calquage. Si le calquage eſt détruit, que devient alors la prétendue conformité des deux lettres que l'on érigeoit en démonſtration complette de ce calquage ſuppoſé. C'eſt peut-être parce que ces lettres ſont reconnues depuis les dernieres confrontations, être très-différentes entr'elles, & contenir des diſſemblances qui ne peuvent s'allier avec l'idée d'une contrefaction à la vître, que l'on a eu recours à la voie *de l'imitation*; c'eſt que l'on a remarqué que deux lettres de huit lignes qui avoient entr'elles treize différences, ſoit dans la formation des lettres, ſoit dans le choix des mots, ne pouvoient prétendre à une préciſion géométrique que l'on dit eſſentielle au calquage, qu'il a fallu controuver une autre origine à la fabrication de ces lettres ... Mais ſur quoi eſt appuyée cette hypothèſe de l'imitation ? Où en eſt la preuve ? En eſt-il la plus légere trace dans toute la procédure ?

Ce que M. le Maréchal donne à ce ſujet pour preuve eſt bon à connoître, *qu'on ſe rappelle*, dit-il, *deux lettres remarquables dans l'affaire, celle où l'on fait avouer à M. de Richelieu une paternité ſuppoſée, & celle relative au nouveau projet de quatre nouveaux billets qui a été montrée à Benavent... Ces lettres*, continue-t-il, *imitoient ſi parfaitement l'écriture de M. de Richelieu, que ceux qui la connoiſſent le mieux s'y méprenoient. Cependant Madame de Saint-Vincent a avoué que ces lettres étoient fauſſes.*

C'eſt cette allégation elle-même qui eſt fauſſe. Madame de Saint-Vincent n'a point avoué la fauſſeté prétendue de ces lettres, & voilà comme M. le Maréchal ſe décele par-tout pour l'ami de la vérité !

Il faut avouer cependant que le ſyſtême de réunion établi par M. le Maréchal entre le calquage & l'imitation, ne peut être que l'effort d'un vaſte génie; combien il offre de reſſources à tous ceux qui ne ſeroient pas fâchés de déſavouer leurs ſignatures & leurs lettres ! Sans être obligés de recourir aux préliminaires d'ufage, fans Baftille, fans Commiffaire, fans enlevement de papiers, ils n'ont qu'à aller au fait, & les arguer de faux tout à coup. Ou l'écriture qu'ils défavoueront, reffemblera parfaitement à leur écriture reconnue, ou il y aura de la diffemblance entre ces deux écritures. Si elle eft reffemblante, donc elle eft calquée, diront-ils, & ils trouveront dans *Ragueneau*, dans *Paillaffon*, dans les Mémoires de M. le Maréchal de Richelieu & dans plufieurs autres ouvrages auffi célebres, des moyens plus que fuffifans pour *démontrer phyfiquement* que cette reffemblance ne peut *être produite que par le calquage :* fi au contraire, elle n'eft pas reffemblante, donc elle eft imitée, diront-ils, & en ce cas les mêmes auteurs leur découvriront dans la *face* ou *le pouce* de la plume, dans la façon des O, des A, des E, & fur-tout dans les points fur les I, une foule de différences qui démontreront auffi *phyfiquement*, que c'eft *par fimple imitation* que cette écriture a été produite. Prenez donc confiance, ô vous qui n'ayant pas fecoué le joug entier des préjugés, craignez encore, non pas le témoignage de votre confcience, mais les jugemens du public, & qui voulez dérober à fes regards les crimes qui font au fond de vos cœurs! La carrière vous eft ouverte ; faites des promeffes, écrivez des lettres, donnez des billets ; livrez-vous à tous vos goûts... de l'imitation ou du calquage de la conformité ou de la différence, du *Ragueneau* ou du *Paillaffon :* il n'en faudra pas davantage, voilà comme vous vous tirerez d'affaire, & qui eft-ce qui ira croire que vous, qui n'êtes pas généreux, avez donné des billets pour des fommes confidérables... En tout cas, vous jurerez *fur votre honneur* que cela n'eft pas vrai.

Il eft cependant une remarque à faire pour ceux qui feroient tentés de profiter de cet avis ; c'eft qu'il ne faudra pas confondre les deux manieres & les appliquer au même objet ; il ne faudra pas dire que ce qui eſt calqué eſt imité, ou que ce qui eſt imité eſt calqué : ces deux opérations ſe détruiſent mutuellement ; il ne faudra pas, ſur-tout, laiſſer appercevoir la moindre diſſemblance entre l'écriture véritable & celle que l'on dira calquée.

Les Experts de M. le Maréchal ſont tombés dans cette erreur groſſiere. Ils aſſurent que les huit ſignatures des billets ont été calquées ſur une ſignature véritable de M. de Richelieu ; ils affirment que le calquage produit une conformité géométrique entre les ſignatures ; & plus loin, ils remarquent que la lettre R du mot *Richelieu*, *n'a pas la même rondeur* dans les ſignatures des billets que dans celles qui ſont avouées par M. le Maréchal ; que la lettre L du même mot eſt plus longue dans les billets, que dans les pieces reconnues... donc, diſent-ils, elles ſont fauſſes.

Donc par cette raiſon même elles ne ſont pas calquées !

Vous avez dit vous-même que le calquage produiſoit une conformité géométrique, & que la ſignature calquée avoit les traits, les dimenſions, la forme de la ſignature originale qui lui avoit ſervi de modele.

Vous avez dit vous-même que les ſignatures des billets avoient été calquées ſur la ſignature originale de M. de Richelieu, priſe pour modele.

Donc ces ſignatures calquées doivent être conformes au modele ; donc les lettres des ſignatures des billets doivent être les mêmes que les lettres des ſignatures originales.

Or, vous dites qu'elles ne le ſont pas ; vous dites que les L, les R ſont faites dans les ſignatures arguées autrement que dans les ſignatures reconnues ; donc elles ne ſont pas calquées.

Ce raiſonnement eſt déciſif ; on l'a déja fait, on a défié publiquement M. le Maréchal d'y répondre ; il n'y a pas répondu.

Néanmoins, pour ne pas paroître réduit au ſilence, ſur cet objet, M. le Maréchal a ſubſtitué à l'argument que nous lui faiſions, un argument que nous n'avons jamais fait, & il a répondu au ſien. On devine ſans peine que cet argument n'étoit pas difficile à réſoudre ; & effectivement M. le Maréchal l'a très-bien réſolu. Que cette invention eſt bonne ! Que cette méthode eſt heureuſe ! .... Pour nous réfuter avec ſuccès, M. le Maréchal nous fait raiſonner à ſa manière.

Madame de Saint-Vincent & ſes complices, dit-il, *ont cru trouver un argument invincible contre le témoignage des Experts ; ils ſoutiennent que leurs opérations ſont contradictoires. Voici le dilemme qu'ils leur oppoſent.*

« *Si les ſignatures ſont fauſſes, elles n'ont point été calquées ſur* » *un modèle: ſi elles ont été calquées, elles ne ſont point fauſſes,* » *parce que le calquage doit être la repréſentation du modèle ſur le-* » *quel on a contretiré.* »

Madame de Saint-Vincent, ni perſonne de ſa part, n'a jamais fait un tel dilemme : elle ne raiſonne pas ainſi. Voici le dilemme qu'elle oppoſe aux Experts.

Ou les ſignatures ſont reſſemblantes entre elles & avec les ſignatures avouées par M. le Duc de Richelieu, ou elles ne le ſont pas. Si elles le ſont, les Experts en impoſent, lorſqu'ils affirment qu'il y a de la différence entre les *L* & les *R* de ces ſignatures & celles des ſignatures originales. Si elles ne le ſont pas, ils en impoſent, lorſqu'ils ſe fondent ſur cette reſſemblance pour affirmer le calquage. Voilà le dilemme de Madame de Saint-Vincent, & nous défions encore publiquement M. le Maréchal d'y répondre.

Tous les moyens de M. le Maréchal, pour prouver le faux intrinſéque des lettres & des billets, ſe réduiſent au témoignage des Experts. L'ignorance & la mauvaiſe foi ont enfanté leur rapport, & il ne mérite aucun égard. Quelles

Quelles preuves reſte-t-il donc à M. le Maréchal ? Sur quoi appuiera-t-il encore cette fauſſeté, qu'il dit être évidente à tous les yeux ? La derniere qu'il allegue eſt, qu'il eſt impoſſible *de le ſoupçonner ſérieuſement, lui Pair & Maréchal de France, jouiſſant d'une fortune conſidérable, comptable de ſon honneur à la poſtérité, à la Nation & à l'Europe entiere, avancé dans ſa carriere, de méconnoître ſes engagemens, & de dénier ſa vraie ſignature* *.

* Page 23 de la Requête.

Cette preuve n'eſt point effrayante. Madame de Saint-Vincent ne doute pas que M. le Maréchal ne rende un très-bon compte de ſon honneur à *la poſtérité, à la Nation & à l'Europe entiere*; mais il s'agit ici d'un compte de quatre cents vingt mille francs, & M. le Maréchal, ſans doute, n'a pas compris cette ſomme dans le compte de ſon honneur.

Au reſte, quel que ſoit le ſort des billets, qu'ils ſoient vrais ou faux, Madame de Saint-Vincent a déclaré, & elle déclare encore, qu'elle n'entend point en répéter le paiement : qu'ils rentrent dans les mains de M. le Maréchal, ces billets funeſtes qu'il a faits, & qu'il ne rougit pas de méconnoître.

Signé VENCE DE SAINT-VINCENT.

CHAMBRES ASSEMBLÉES, les Princes & Pairs y ſéant.

Meſſieurs { *ROLAND DE CHALERANGE*, *TITON DE VILOTRAN*, } *Rapporteurs.*

Me GOUPILLEAU DE VILLENEUVE, Avocat.

A PARIS, chez P. G. SIMON, Imprimeur du Parlement, *rue Mignon Saint André-des-Arcs.*

www.ingramcontent.com/pod-product-compliance
Lightning Source LLC
LaVergne TN
LVHW052025160826
845678LV00003B/1217

* 9 7 8 2 3 2 9 6 3 2 5 1 3 *